DISCOURS

M. LE Mᴵˢ DE BIENCOURT

—··◖◗··—

Le 26 juin, à 2 heures, une assemblée nombreuse se pressait dans la grande salle du Chalet, que Madame la marquise de Villeneuve avait gracieusement offerte au comité d'organisation.

M. le comte de Chasteigner présidait la séance, à ses côtés siégeaient au bureau M. le prince L. de Lucinge et M. le marquis de Juigné.

M. Vétillart, sénateur, et M. de la Rochefoucault duc de Bisaccia, député, avaient fait parvenir par écrit l'expression de leurs regrets de ne pouvoir assister à la réunion.

M. le comte de Chasteigner a ouvert la séance par l'allocution suivante :

Messieurs,

La réunion privée, à laquelle vous avez été conviés, revêt en quelque sorte dans ce moment-ci un caractère spécial. Sans doute, comme tous les honnêtes gens, sans distinction de partis, vous stigmatisez les décrets iniques du 29 mars qui, dans quelques jours à peine, vont recevoir leur douloureuse exécution.

Mais notre réunion n'a pas ce but exclusif. Préoccupés à juste titre de l'effondrement général dont nous sommes menacés, de cette désorganisation profonde, qu'à l'imitation de sa devancière, la République amène partout ; justement effrayés de l'abîme vers lequel nous marchons par l'exaltation cynique du mal, de l'outrage de tout ce qui est sacré pour nous, de la réhabilitation même des crimes les plus affreux de droit commun, nous avons cherché quel pouvait être le remède aux calamités sans nombre dont notre chère patrie était menacée.

Notre histoire nous l'a promptement fait connaître.

Entre le développement progressif et glorieux de la France, de ses libertés et de ses richesses sous le gouvernement tutélaire de ses Rois, pendant une longue suite de siècles ; et les hontes, les scandales, accumulés par la République, le choix ne pourrait être douteux.

Si nous voulons sauver la France, c'est au rétablissement de la monarchie traditionnelle, seule, que nous devons employer tous nos efforts.

Pour nous en faciliter le moyen, Dieu a daigné nous conserver miraculeusement un guide sûr, sous l'égide duquel nous pouvons marcher en toute confiance :

Ame d'élite, douée par lui d'une sagesse et

d'un génie providentiels, telle qu'il lui plaît d'en offrir à l'époque des grandes crises aux peuples qu'il désire sauver ;

Prince dont toutes les pulsations du cœur battent pour la France et qui, vous le savez, par une sorte de prescience de l'avenir, fut salué à sa naissance d'enfant de l'Europe ;

Sur sa tête repose maintenant, nous pouvons le dire avec orgueil, non seulement l'espérance du salut de la France, de la paix de l'Europe, mais encore de l'univers entier profondément troublé par la Révolution.

Que tous, faisant trève à des dissentiments dont nous voyons les affligeants résultats, unissent leurs efforts dans une lutte ardente, mais toujours légale, afin d'obtenir, par son retour, cette paix morale et matérielle dont nous avons tant de besoin.

C'est ce que va vous expliquer Monsieur le marquis de Biencourt, avec sa parole entraînante et convaincue, sous l'inspiration de son cœur si profondément dévoué à la France.

Discours de M. le Mis de Biencourt

Messieurs,

Permettez-moi de vous expliquer tout d'abord comment il se fait que j'ai l'honneur d'être devant vous, moi qui ne suis ni un orateur, ni un homme politique ; ma carrière politique se borne, en effet, à avoir été pendant neuf mois maire de ma commune et je ne suis ni sénateur, ni député, ni ancien député.

Il y a quelque temps j'ai eu l'occasion, devant mes concitoyens de Touraine, de faire une très franche exposition royaliste. Cette exposition a répondu, paraît-il, à un besoin du moment car elle a été très reproduite. C'est alors que mes amis royalistes de la Sarthe m'ont demandé de refaire au Mans la déclaration que j'avais faite à Tours ; je leur ai fait observer que je n'étais pas orateur, je leur ai objecté mon insuffisance. Nous nous sommes adressés à un véritable orateur. Il n'a pas pu venir. Alors, Messieurs, je n'ai pas cru pouvoir refuser plus longtemps la demande qui m'était faite si gracieusement : Et voilà comment j'ai l'honneur d'être devant vous. Je ne suis qu'une doublure. Molière en peignant les ridicules de son temps a écrit le *Malade imaginaire* et le *Médecin malgré lui :* Je suis, moi, *l'orateur imaginaire* et le *conférencier malgré lui.* Je devais, Messieurs, vous prévenir et réclamer votre indulgence. Et maintenant je ne vais pas vous faire un discours, mais causer avec vous en toute simplicité mais aussi en toute sincérité et en toute franchise.

Messieurs, pourquoi sommes-nous réunis ici ? parce que nous sommes des hommes honnêtes, parce que nous sommes de bons citoyens, parce que nous aimons la France et que nous nous préoccupons à juste titre des périls que court notre patrie.

Pendant longtemps on a fermé les yeux ; on n'a pas voulu voir le péril, on a vécu d'expédients et d'illusions, on a vécu au jour le jour ; l'expédient du jour remplaçait l'expédient de la veille. Mais, Messieurs, une nation comme la France ne vit pàs d'expédients : nous descendons une pente fatale et nous touchons à l'abîme où la Révolution nous entraîne et nous pousse. Les plus aveugles le voient aujourd'hui ; et alors on se demande comment faire pour ne pas rouler dans cet abîme.

Je ne veux pas, Messieurs, remonter au déluge : je ne vais pas reprendre avec vous la triste histoire de la Révolution depuis 1789 : je ne reprendrai pas avec vous la douloureuse nomenclature des crimes de la Révolution, l'énumération de tout ce que cette Révolution a coûté à la France. Non, il me faudrait trop de temps pour vous raconter tous ces crimes, toutes ces faillites, toutes ces hontes, tous ces malheurs, toutes ces ruines. Je laisse à la Révolution la charge écrasante de ses crimes ; je laisse à l'Empire la charge des trois invasions que nous lui devons et j'arrive tout de suite à 1871.

A cette époque, vous vous le rappelez il n'y a que dix ans de ces événements, la France était vaincue, l'Empire et la République du 4 septembre nous avaient coûté une troisième invasion : le désastre était immense et comme nous n'en avions jamais connu dans notre histoire nationale, Le gouvernement révolutionnaire du 4 septembre et la dictature du Génois

Gambetta n'avaient fait que creuser le gouffre et avaient pour ainsi dire déshonoré la défaite : M. Gambetta avait *fumé des cigares exquis* et avait engagé ses compères à *être gais et de bonne composition*. La France agonisante était livrée à une bande de jouisseurs et d'exploiteurs. Je reviendrai, Messieurs, tout à l'heure sur cette triste époque et je tâcherai de vous faire connaître les hommes auxquels étaient livrés les destinées, l'honneur et la fortune de la France. J'en arrive vite au moment où l'assemblée nationale fut nommée.

Malgré quelques élections scandaleuses telles que celles de Garibaldi le révolutionnaire italien, de Pyat, de Rochefort, de Lockroy et d'autres qui devaient être les hommes de la Commune, l'immense majorité des représentants envoyés par nos départements était une majorité de bons citoyens d'hommes profondément honnêtes et patriotes que le pays agonisant envoyait à Bordeaux pour faire la paix, pour sauver la patrie, pour l'arracher s mains des hommes du 4 septembre et cónses destinées à la monarchie traditionnelle ationale. Voilà, Messieurs, ce que devait l'Assemblée nationale de 1871 : et voilà ue nous attendions d'elle.

ais, Messieurs, il y avait alors un homme tait comme il le disait lui-même du parti Révolution tant en France qu'en Europe: omme, M. Thiers, n'était pas seulement rti de la Révolution, il était personnel, te et ambitieux à l'excès ; il avait la passion du pouvoir et il sacrifia la France à son ambition. Il sut tromper la majorité monarchique et diviser pour régner. Au fond, M. Thiers était opposé à tous les principes des radicaux ; ses préférences étaient pour une monarchie représentative dont il eût été bien entendu le premier ministre ; mais il crut un jour que les circonstances lui permettaient d'être *plus* sous la République ; et M. Thiers n'a pas hésité, il s'est fait républicain, il a voulu être plus ; et la France a passé après son ambition. Alors il a empêché fort habilement, il faut en convenir, le rétablissement de la monarchie : il a imaginé le pacte de Bordeaux, puis la Constitution Rivet et Vitet, il a conclu une alliance avec M. Gambetta qu'il avait appelé *Fou furieux* quelques semaines auparavant, après avoir dit dans un discours célèbre que la République *épouvantait la France et qu'elle finissait toujours dans le sang et dans l'imbécillité*. Il s'est fait républicain et il a fini, avant de mourir, par s'allier à tous les héros gredins de la Révolution et de la Commune ! Voilà l'homme qui a été le premier patron de la République soi-disant conservatrice et modérée.

L'Assemblée nationale trompée par M. Thiers, ayant, dès le premier jour, manqué à sa mission, se traîna, comme vous savez, d'expédients en expédients ; elle fit :

La loi du 17 février 1871.
La loi du 4 septembre 1871.
La loi du 13 mars 1873.

La loi du 20 novembre 1873.
La loi du 25 novembre 1875.

Toutes ces lois n'étaient que des expédients. Elle en arriva enfin un jour à voter la République, comme forme définitive mais révisable de Gouvernement, à une voix de majorité. Et encore, cette voix, Messieurs, était celle de M. Target qui, le jour du vote, était à La Haye où il représentait la France. Ce fut comme vous le voyez un vrai tour de prestidigitation et même ce que l'on appelle au jeu une tricherie.

Enfin, après la Commune que nous devons à la République, après la présidence de M. Thiers, après celle du maréchal de Mac-Mahon, après le septennat qui n'a même pas pu faire son temps, après la Constitution, après les nouvelles élections du Sénat et de la Chambre, après la République sans républicains, nous avons aujourd'hui la République des républicains. Nous la jugerons ensemble tout à l'heure.

Je dois vous dire, avant, un mot de l'essai de résistance fait en 1877 par M. le maréchal de Mac-Mahon. Après les élections radicales de 1876, le Maréchal entrevit un jour où le conduisaient la majorité et ses nouveaux ministres ; il voulut s'arrêter. Il fit alors un coup d'État, renvoya ses ministres et demanda au Sénat la dissolution de la Chambre des députés. Mais, cette tentative de résistance et de réaction faite sans principes, au nom d'une constitution que tous les honnêtes gens jugeaient mauvaise et malsaine, ne pouvait aboutir. La Révolution se redressa plus arrogante, plus menaçante que jamais, et le maréchal de Mac-Mahon disparut un jour dégoûté, écœuré de tout ce qu'on lui avait arraché de concessions en abandonnant aux colères et aux vengeances radicales les hommes honnêtes auxquels il avait demandé leur concours en leur donnant sa parole d'honneur de ne pas les abandonner. Ainsi la Révolution a le don de diminuer à certains moments les plus nobles caractères !

Après l'essai, si tristement stérile, de résistance de 1877, le radicalisme revint triomphant, et la plus haute personnalité du moment fut M. Gambetta, l'ancien dictateur du 4 septembre, l'ancien fou furieux de M. Thiers, celui qui s'était emparé du pouvoir sans mandat, qui avait entraîné la France à continuer la guerre à outrance, parce que c'était pour lui le seul moyen de détenir le pouvoir contre ce qu'il savait être le vœu de la France entière, celui qui avait brisé de sa propre autorité les conseils généraux et municipaux, qui avait ajourné indéfiniment les élections, celui qui s'était ensuite enfui sous les orangers de Saint-Sébastien, alors qu'il pensait que les représentants du pays allaient lui demander les comptes de sa dictature.

Eh bien, puisque M. Gambetta est aujourd'hui le maître, savez-vous qu'il est publiquement accusé dans une brochure qui se répand à centaines de mille, d'avoir fait une scandaleuse fortune dans la ruine de son pays ?

Dans cette brochure, on demande ses comptes à M. Gambetta ; on fait successivement passer en revue :

> Les fonds secrets du 4 septembre.
> Le marché Vallobra.
> Les opérations financières de l'ami
> Stenackers.
> Les marchés Giacometti.
> La mission Ferrand.
> Les canons Parrott et les révolvers Colt.
> Les marchés Mattos.
> Les marchés van der Brock.
> L'emprunt Morgan.
> Les comptes de la commission d'arme-
> ment...

On fait défiler une série d'opérations et de tripotages qui roulent sur un ensemble de quatre cents millions. A cela, M. Gambetta ne répond rien, absolument rien ; l'auteur demande à être traduit devant les tribunaux. M. Gambetta fait la sourde oreille, il attend peut-être que la magistrature soit épurée. Or, Messieurs, la première chose quand on est accusé publiquement est de se défendre et de déférer aux tribunaux l'accusateur. Aucun homme d'honneur ne consentira à rester sous le coup d'une accusation d'indélicatesse. Je n'accuse pas, je constate ; et nous avons tous le droit de dire que tant que le digne Président de la Chambre des députés ne se défend pas, les allégations portées contre lui sont fondées. Lisez cette brochure, Messieurs, faites-la lire, elle vous intéressera et vous édifiera. On dit que la femme de César ne doit pas être soupçonnée : les républicains, paraît-il, n'ont rien de commun avec la femme de César, parce qu'ils jouissent des fortunes qu'ils ont acquises dans le désastre de la patrie il leur est indifférent d'être accusés.

Enfin, Messieurs, de chutes en chutes, nous en sommes arrivés à être gouvernés par la bande de Gambetta. Nous descendrons plus bas encore, les gouvernants d'aujourd'hui passent déjà pour des modérés, des opportunistes et des tièdes. Nous aurons pour maîtres, cela est fatal, Clémenceau et sa bande, puis Rochefort et la sienne..... En attendant, examinons ce que fait la bande d'aujourd'hui et suivons la Révolution dans sa marche.

La Révolution s'est faite soi-disant au nom de la liberté, de l'égalité, de la fraternité, des droits de l'homme et du citoyen. Eh bien, la Révolution a toujours été et est toujours la plus épouvantable tyrannie, le plus effroyable despotisme. La liberté n'est qu'un vain mot. Nos maîtres ont inventé un mot charmant pour exprimer les droits et la liberté des citoyens : c'est *droit de l'Etat, liberté de l'État*, à l'ombre de ce mot il n'y a plus ni liberté de conscience, ni liberté individuelle, ni liberté du père de famille. Le citoyen n'est plus que contribuable ou fonctionnaire. Et, Messieurs, le premier cri de la Révolution est guerre à la Religion! Le cléricalisme voilà l'ennemi! Cet ennemi imaginaire permet à la Révolution et à ses représentants toutes les illégalités, tous les abus de pouvoir. Voyons, j'ai honte de vous adresser cette question à vous, hommes de bon sens et d'honneur, croyez-vous que le sentiment religieux, que la religion, que les prêtres, que les religieux, que les frères de la doctrine chrétienne et les filles de charité qui apprennent à lire aux enfants, croyez-vous que les Jésuites en particulier, car c'est contre eux que s'acharne la haine révolutionnaire et gouvernementale, soient un péril social, et soient les redoutables ennemis de la société moderne?

Ah ! elle est bien chétive la République si elle voit un danger qui la menace dans la liberté du père de famille d'élever ses enfants chrétiennement, si elle voit un danger dans les écoles dirigées par les frères et les sœurs, si une croix est au-dessus de la porte de la maison d'école ; si elle voit un péril social dans ces collèges où des Jésuites, comme au magnifique collège de Notre-Dame de Sainte-Croix, préparent nos enfants à subir les examens universitaires.

De grands orateurs ont traité ces questions de liberté d'enseignement, des droits des pères de famille, des droits de la défense et de résistance légale à des décrets inqualifiables. Je ne fais qu'effleurer ces questions pour la démonstration que j'essaye de vous faire de l'incompatibilité absolue qui existe entre la Révolution et la liberté.

Quelle était donc la situation où la République trouvait la question en 1879 ? Une loi, honneur de l'Assemblée nationale, fixait en matière d'enseignement les droits de l'État et les droits des pères de famille. C'est l'État qui fixait seul les programmes des examens ; c'est l'État qui faisait passer les examens ; c'est l'État qui délivrait les diplômes ; c'est l'État qui possède, dirige et administre sans contrôle les écoles par lesquelles nos enfants sont obligés de passer, pour avoir accès à toutes les carrières ; vous entendez bien, toutes les écoles : Saint-Cyr, la Marine, l'École polytechnique, l'École des arts et métiers, l'École des mines, l'École forestière, l'École de droit ; toutes, toutes les écoles. Que demandons-nous donc ? Le droit bien minime d'amener nos enfants à subir les épreuves des examens fixés par l'État, à l'âge que fixe l'État ; nous demandons simplement le droit de faire instruire et préparer nos enfants par les maîtres qui nous plaisent et en qui nous avons confiance. Eh bien, Messieurs, voilà le droit que la République ne veut pas nous reconnaître et la liberté qu'elle veut nous arracher ?

En 1879, un ministre républicain, M. J. Ferry présente une loi que la voix publique a justement qualifiée de loi *contre* la liberté de l'enseignement ; dans le fameux article 7 de cette loi il était interdit aux congrégations d'enseigner. La Chambre des députés vota cette loi, cela va sans dire ; mais le Sénat écoutant les deux millions de citoyens qui ont pétitionné contre la loi draconnienne, a repoussé l'article 7. Que fait alors le gouvernement ? vous croyez qu'il va s'incliner et attendre des jours qui lui soient plus propices ? Non. Il invoque ce qu'il appelle les *lois existantes*, auxquelles il n'avait pas songé avant, en vertu d'une loi de 1792 rendue entre le 10 août et les massacres de septembre. Il entend disperser, expulser et proscrire tous les ordres religieux ! Voilà, Messieurs, où en est la République aujourd'hui : elle s'appuie sur la loi de 1792 ; et M. Cazot, ministre de la justice en 1880, invoque ce qu'il appelle la grande voix, la grande mémoire de Danton, l'organisateur des massacres de septembre 1792 ! Il est vrai que Danton, que ses complices devaient guillotiner deux ans plus tard comme modéré, avait dit cette parole révolutionnaire, douce aux oreilles d'un Ferry et d'un Cazot : « L'enfant n'appartient pas au père, il appartient à l'État. »

Je ne sais pas, Messieurs, ce que l'avenir nous réserve encore de drames révolutionnaires, mais je l'avoue, je ne pourrai m'empêcher de sourire, le jour où je verrai les quasi-girondins Ferry et Cazot envoyés à l'échafaud révolutionnaire par les Robespierre de l'avenir. Diront-ils sur la charrette comme Danton leur patron : « J'ai bien rigolé, bien dépensé sous la République, allons dormir !... » Car, Messieurs, tout se résume dans la Révolution à bien dépenser. Et l'histoire accuse Danton de s'être servi de son pouvoir d'un moment pour se procurer de l'argent par tous les moyens et entre autres par une fabrication de faux assignats qu'il avait établie sur la frontière et qui lui donnait de beaux bénéfices.

Voilà donc notre ministre actuel de la justice qui invoque la grande voix de Danton. Voilà les municipalités radicales qui à l'exemple du conseil municipal de Paris, laïcisent nos écoles, qui en chassent les frères et les sœurs. Voilà les aumôniers chassés des casernes et des hôpitaux. Dans cette voie, comme il faut aller toujours de plus fort en plus fort, voilà M. le ministre de la guerre qui empêche les enfants de troupe d'aller aux écoles des frères. Eh bien! messieurs, j'en suis fâché pour M. le général Farre ministre de la guerre, mais dans tous les pays et dans toutes les langues une semblable défense s'appelle une infamie, une turpitude, une lâcheté, oui, Messieurs, une lâcheté. Dans cette voie de persécution, M. le ministre est soutenu, encouragé, félicité par les pires gredins de la révolution. Dernièrement *la Justice*, journal de M. Clémenceau, l'un de nos futurs gouvernants, dénonçait en termes odieux la belle école des pupilles de la marine de Brest, là, les orphelins de nos marins, de 7 à 13 ans sont élevés aux frais de l'État et voyez le scandale : ces gamins sont instruits par des frères de la Doctrine chrétienne et soignés par des sœurs de la Providence? un aumônier leur fait le catéchisme et leur dit la messe le dimanche! Allons, M. le ministre, chassez vite les frères, les sœurs et l'aumônier ; sous la République, les fils de nos braves marins ne doivent pas

aller à la messe ! tout cela en vérité.[est tellement odieux que l'on se demande si les républicains sont plus bêtes que méchants ou plus méchants que bêtes. Mais en attendant ils nous
oppriment et déshonorent la France.

Le conseil municipal de Paris vient d'inven-
ter pour ses écoles laïques, ce qu'il appelle,
l'imagerie patriotique. Ce sont des bons points
sur un côté desquels il y a une image, avec
l'explication de l'autre côté. M. Depeyre, le
grand orateur royaliste, nous montrait ces
jours-ci plusieurs de ces images. L'une représente des Jésuites, et l'explication se termine
ainsi : « Aujourd'hui ils sont les véritables
« maîtres du clergé, les régulateurs de la po-
« litique cléricale. Et toujours nous les
« revoyons avec la même physionomie ré-
« pugnante ; l'hypocrisie ; l'esprit d'obscuran-
« tisme et tout ce qui fait d'eux les éternels
« ennemis du progrès et de la liberté !...
Comme voilà de par le Conseil municipal, de
jeunes citoyens bien préparés à devenir les futurs massacreurs de ces religieux à la physionomie répugnante ! Une autre image représente Diderot et la légende approuvée par nos
municipaux recommande aux gamins son ro-
man obscène *la Religieuse,* et M. Depeyre s'é-
criait : « Comme chrétien, je ne souhaite pas
de mal à mes ennemis. Je ne souhaite donc
pas au conseiller municipal, même à celui que
je méprise le plus, de faire asseoir à son foyer,
pour en faire la compagne de sa vie et la mère
de ses enfants, la femme qui jeune fille aurait
lu la *Religieuse* de Diderot.

Eh bien, Messieurs, vous voyez les agissements de nos gouvernants entraînés, poussés par leurs haines bien républicaines, bien révolutionnaires. Dans deux mois, ils prétendent, au nom de la liberté à la Danton, fermer le magnifique collège de Sainte-Croix, où nous croyons, au nom de notre liberté de pères de famille, avoir le droit de faire élever nos enfants et que nous étions si heureux de confier aux Jésuites. Ils vont disperser et proscrire les religieux dont le cher et respecté recteur, je suis heureux de pouvoir ici lui donner le public hommage de mon respectueux attachement, porte au front la noble et glorieuse cicatrice d'une blessure reçue en secourant nos soldats tombés sur le champ de bataille. Car, Messieurs, ces Jésuites que la République poursuit de sa haine, ces religieux, ces frères, ces filles de la charité ont donné pendant la guerre les exemples les plus admirables, non seulement de leur dévouement catholique mais de leur patriotisme. Qui sait si ce n'est pas ce patriotisme qui fait un contraste si saisissant avec celui des républicains, qui n'est pas une des causes qui soulèvent contre eux les fureurs révolutionnaires ? En attendant, nos gouvernants veulent les disperser, les proscrire et fermer leurs maisons. Honte à la République et à la Révolution !

Des hommes éminents organisent la résistance légale à ces scandaleux décrets ; des magistrats donnent leur démission plutôt que d'avoir à exécuter les instructions que leur donne un Cazot : tout ce qu'il y a d'honnête dans le barreau français adhère à la consultation de M⁰ Rousse. Espérons, Messieurs, que les catholiques sauront se défendre par tous les moyens légaux et, Dieu merci, ils ne manquent pas. Les catholiques ne veulent et ne demandent que l'exercice du droit. Si le gouvernement sort du droit pour faire de l'arbitraire et de la violence, que les conséquences de ce qui pourra en résulter retombent sur lui. Mais je n'ai pas à m'étendre plus longtemps sur ce sujet. Je suis ici pour vous parler politique.

Eh bien, Messieurs, après nos désastres il y avait à panser les plaies de la patrie, à relever ses ruines. Un seul gouvernement était capable de ce relèvement, la Monarchie. Mais étrange et douloureux spectacle, la République et la Révolution pour relever la France si cruellement éprouvée lui donnent la Commune ! Pour reprendre ses forces il fallait à la France paix à l'extérieur, tranquillité, apaisement et recueillement à l'intérieur. Eh bien ! le Gouvernement républicain ne songe qu'à désorganiser et détruire toutes nos forces nationales, l'administration, la magistrature, l'armée ! Et pour nous donner cette paix intérieure, la République entreprend une guerre sans trève ni merci aux sentiments religieux de la grande majorité des Français !

Ah ! Messieurs, la République avait un rôle bien facile cependant. Nous savions qu'elle était impuissante à relever la France et cependant nous nous résignions à la laisser végéter ; elle n'avait qu'à être humble et modeste vis-à-vis de l'étranger et pacifique à l'intérieur. Voilà ce qu'elle n'a pas été. Au lieu de respecter nos droits et nos libertés de citoyens elle nous déclare la guerre ; pour satisfaire ses haines elle s'attaque à tout ce que nous respectons. Elle détruit la magistrature et désorganise l'armée à tel point que Bismarck se frotte les mains et dit qu'il lui faut encore pendant deux ou trois ans un ministre de la guerre en France comme le général Farre ! Le chancelier allemand qui nous a fait tant de mal suit avec le plus vif intérêt le spectacle que nous lui donnons, il est dans le ravissement. Il ne pouvait s'attendre à voir un grand peuple, après de si immenses désastres, travailler de ses propres mains à sa propre désorganisation. Il trouve que *la France a l'agonie folâtre* ! Ah ! Messieurs, quelle honte pour la France, mais aussi quel enseignement !

Le prince de Bismarck ne cessait de répéter en 1871 dans des dépêches diplomatiques confidentielles, mais qu'un procès célèbre a rendues publiques. « Que l'intérêt de l'Allemagne
« était que la France reste faible et sans alliés.
« Que la République, et à défaut de la République l'Empire, est le régime sous lequel la
« France parviendra le moins à se relever...

« Que si l'Allemagne après la guerre s'était
« trouvée en présence d'une France monar-
« chiquement constituée, elle eût été forcée
« d'imposer des conditions beaucoup moins
« exorbitantes... »

Je voudrais, Messieurs, pouvoir vous citer toutes ces dépêches dans lesquelles l'étranger apprécie notre situation révolutionnaire, le temps me manque ; et d'ailleurs cette lecture fait par trop saigner nos cœurs. Ce que nous savons, et cela suffit, c'est que c'est la République qui fait le mieux les affaires de la Prusse. Et nous faisons la République ! et nous sommes toujours en République ! C'est à confondre l'imagination ; et on se demande comment la France entend cette vertu des peuples forts qui porte le beau nom de patriotisme. C'est le rétablissement de notre Monarchie nationale que M. de Bismarck, avec un instinct qui ne le trompe pas, redoute le plus, et toujours nous nous plaisons nous-mêmes à écarter cette solution réparatrice !

Une première fois, en 1871, c'est M. Thiers qui emploie tout son génie d'intrigue à l'écarter. En 1873, ce sont les politiques du centre gauche et du centre droit qui réunissent leurs efforts pour faire échouer cette solution. Ah ! on se demande quel est l'aveuglement de la France et ce qu'elle a fait de son bon sens et de son patriotisme. On comprend la joie du chancelier allemand et comment il peut s'écrier en buvant ses chopes : — *La France a l'agonie folâtre !*

Quels sont donc, Messieurs, les préjugés qui s'opposent au retour de la monarchie ? Est-ce au nom de la liberté des citoyens, de toutes les libertés, des droits de l'homme que nous repoussons la restauration monarchique ? Mais la Révolution nous enlève nos libertés et nos droits. On a parlé, on parle bien haut des abus de l'ancien régime. Oui il y a eu des abus sous l'ancien régime, qui cherche à le nier ? Mais ces abus disparaissaient tous, ils étaient emportés par la passion du progrès et de réformes qui animait la société française à la fin du siècle dernier. Louis XVI voulait être le premier réformateur de son temps et l'histoire avant de lui décerner le titre de martyr l'avait surnommé le restaurateur des libertés françaises. Les cahiers de 1789, rédigés par les privilégiés eux-mêmes, renfermaient dans la rédaction des vœux plus de libertés que la Révolution n'en a jamais su et pu donner. Je voudrais bien savoir quel est l'abus de l'ancien régime dont le révolutionnaire le plus convaincu peut craindre le retour, interrogez messieurs vos radicaux, vous n'en manquez pas au Mans, demandez-leur quels sont les abus qu'ils redoutent et vous verrez leur embarras pour vous répondre.

La Monarchie moderne, Messieurs, est une Monarchie représentative : elle ne peut être autre chose. Elle a pour caractère la liberté et le contrôle. Liberté que ne peut pas donner la Révolution, et contrôle dont ne veulent à aucun prix les gouvernements révolutionnaires et césariens. C'est en un mot le vrai gouvernement du pays par le pays.

Et ici je n'aurais qu'à vous citer les propres déclarations du prince héritier de nos quatre-vingts rois, du chef de la maison de Bourbon,

de Henri de France qui représente le principe
et le droit monarchiques et qui a su conserver
ce principe intact dans toute sa puissance et
tout son honneur. Voici ce que Mgr le comte
de Chambord écrivait à Berryer le grand orateur royaliste.

« Dépositaire du principe fondamental de
« la Monarchie, je sais que cette Monarchie
« ne répondrait pas à tous les besoins de la
« France, si elle n'était en harmonie avec son
« état social, ses mœurs, ses intérêts, et si
« la France n'en reconnaissait pas et n'en
« acceptait avec confiance la nécessité. Je
« respecte sa civilisation et sa gloire contem-
« poraines autant que les traditions et les
« souvenirs de son histoire. Les maximes
« qu'elle a fortement à cœur et que vous avez
« rappelées à la tribune, *l'égalité devant la*
« *loi, la liberté de conscience, le libre accès pour*
« *tous les mérites à tous les emplois, à tous les*
« *honneurs, à tous les avantages sociaux,* tous
« ces grands principes d'une société éclairée et
« chrétienne me sont chers et sacrés comme
« à vous, comme à tous les Français. »

Je pourrais abuser des citations, je n'ai pas
besoin de le faire, tous savent en France que
le chef de la maison de Bourbon, que celui
que l'histoire appellera Henri V, car il règnera,
Messieurs, ou la France disparaîtra des nations
et sera engloutie dans la tourmente révolutionnaire, tous savent que ce prince est la re-
présentation la plus haute de l'honnêteté, de
la loyauté et de l'honneur.

Eh bien, Messieurs, en présence des agissements de la République et de la Révolution, en présence des jugements que les hommes d'Etat de l'Europe portent sur notre situation intérieure, en présence de ce que l'avenir nous réserve si nous continuons à être la proie de la Révolution et des révolutionnaires. Je ne crois pas qu'il y ait maintenant un seul homme honnête, un seul vrai citoyen, un seul vrai patriote qui ne se dise aujourd'hui que la France est perdue si la monarchie ne vient la sauver.

La République est bien, comme le disait l'autre jour un orateur royaliste, le terrain qui nous divise le moins : car il lui a suffi de deux années pour grouper en face d'elle sur le terrain du droit, du patriotisme, de la religion et de la liberté la formidable coalition de tous ceux qui veulent la dignité de l'armée, l'indépendance de la magistrature, la prospérité de l'industrie nationale et de l'agriculture, la liberté de conscience et de la famille, l'honneur et le relèvement de la patrie. Oui, voilà bien comment la République est le terrain qui nous divise le moins.

La République conservatrice et modérée est une illusion, une chimère et un rêve : un éminent publiciste, conseiller d'Etat, ajoutait qu'elle était de plus une *bêtise*. La République va fatalement aux extrêmes. Elle est l'instabilité et le provisoire perpétuels. Les modérés ou soi-disant modérés sont emportés par les violents qui à leur tour sont emportés par de plus violents. La République est comme Saturne elle dévore ses enfants et ce n'est pas ce qu'elle fait de plus mal. La Convention, Messieurs, ne l'oublions pas puisque nous sommes peut-être à la veille d'en revoir une, a guillotiné 56 de ses membres, 27 autres sont morts de mort violente, 15 sont morts fous. 88 sur 749 ! Et cependant à ses débuts les modérés étaient en majorité.

Devons-nous revoir une Convention ? cela est probable si les choses de la Révolution suivent leur cours. Le Sénat et ce qui reste de modération dans le gouvernement sera emporté dans une tourmente révolutionnaire. La Commune sera de nouveau proclamée à Paris et dans quelques grandes villes. Les hommes des bas-fonds qui commencent à revenir à la surface, de même que dans une chaudière en ébullition on voit bouillonner les immondices qui étaient dans le fond, seront les maîtres à leur tour, seront le gouvernement, les ministres, les dictateurs. N'oublions pas Messieurs, qu'au commencement de cette semaine l'amnistie a été votée : le Commune a été expliquée et justifiée par le président du Conseil. Ainsi le programme du gouvernement soi-disant modéré, dont nous jouissons, est d'amnistier les assassins la veille même du jour où il se dispose à proscrire les victimes ! Le Conseil municipal de Paris nous prépare une plantureuse pépinière de ces hommes d'État d'un prochain avenir.

Y aura-t-il alors une réaction ? les bons

citoyens sauront-ils se défendre et résister? comment se produira la résistance? Messieurs, ce sont là les mystères de l'avenir, ce que je puis vous affirmer, c'est que cette crise se produira certainement un jour, et un jour prochain ; et ce que je puis vous affirmer aussi, c'est que si la défense ne se fait pas sous le drapeau monarchique les destinées, la fortune, l'honneur de la France seront engloutis dans la tempête.

Cette crise, Messieurs, elle est inévitable. Permettez-moi de vous lire un passage de la circulaire qu'un éminent magistrat, trop honnête et trop indépendant pour pouvoir continuer à servir la République, adressait dernièrement à ses électeurs : « Aux heures de crise
« nationale le pays épuisé, trompé dans ses
« espérances, cherche un régime nouveau qui
« garantisse ses droits et ses libertés, nous
« approchons d'une de ces crises redoutables.
« La République, de plus en plus exclusive
« et sectaire, se détruit de ses propres mains;
« avant de disparaître, elle aura fait encore
« beaucoup de mal. Lorsque la chute prévue
« du régime républicain imposera aux man-
« dataires du pays l'obligation d'établir un
« gouvernement plus stable, je me refuserai
« de concourir à la restauration de l'empire,
« dont les constitutions ont perdu toute auto-
« rité légale. Si je servais les prétentions
« dynastiques du prince Jérôme, les morts de
« nos champs de bataille se lèveraient pour
« me maudire.

« Je travaillerai au rétablissement d'une
« monarchie nationale dont voici le pro-
« gramme :

« Un pouvoir fondé sur l'hérédité, respecté
« dans son principe comme dans son action,
« sans faiblesse comme sans arbitraire : le
« gouvernement représentatif dans sa puis-
« sante vitalité. Les dépenses publiques sé-
« rieusement contrôlées ; le règne des lois ; le
« libre accès de chacun aux emplois et aux
« honneurs ; la liberté religieuse et les li-
« bertés civiles consacrées et hors d'atteinte ;
« la propriété foncière rendue à la vie par la
« diminution des charges qui pèsent sur elle ;
« l'agriculture, le commerce, l'industrie cons-
« tamment encouragés ; et au-dessus de tout
« cela une grande chose, l'honnêteté, l'hon-
« nêteté qui n'est pas moins une vertu dans
« la vie publique que dans la vie privée !
« l'honnêteté qui fait la valeur morale des
« Etats comme des particuliers !

« Le prince qui a tracé ce programme n'a
« jamais varié : Il a dit encore — je ne suis
« pas un parti, je ne veux pas revenir pour
« régner sur un parti, je n'ai ni injure à
« venger, ni ennemi à écarter, ni fortune à
« refaire, sauf celle de la France !... »

Dans les phases que nous avons traversées
depuis 1870, on pouvait être plus ou moins
inquiet, mais on n'avait pas peur. M. Thiers
ne faisait pas peur ; avec J. Simon, Picard ou
Christophle on était encore jusqu'à un certain

point rassuré, avec Wallon et Waddington on l'était moins ; avec Freycinet, Lepère, Cazot et Ferry on est inquiet mais on ne tremble pas encore ; avec Gambetta on sera plus inquiet ; on aura peur avec Clémenceau, Ranc et Rochefort ; car nous en arriverons à ces échappés de la Commune Alors quand l'inquiétude et la peur seront arrivées, tous les regards, tous les vœux, toutes les espérances, se porteront vers la monarchie et vers le roi, de même que pendant la tempête, les matelots regardent le ciel et prient le bon Dieu.

Hommage que toujours rend un cœur effrayé au Dieu que jusqu'alors il avait oublié.

Messieurs, permettez-moi de vous dire encore un mot. Ce mot je veux le dire avec toute la modération possible, en évitant toutes personnalités. Il est une illusion que je voudrais détruire parce que cette illusion constitue une des faiblesses du parti de la résistance. C'est l'illusion qui consiste à chercher et à croire un salut possible dans un quatrième retour à l'Empire. L'Empire, Messieurs, a pu faire l'illusion du salut en 1804, après le sanglant triomphe de la Convention et de la Terreur ; après la désorganisation, la démoralisation et les orgies du Directoire. L'Empire a pu encore peut-être faire l'illusion de l'ordre et du salut en 1852 ; mais il nous a amené une troisième invasion et est tombé à Sedan dans l'épouvantable désastre dans lequel il entraînait, hélas ! la France avec lui. Des hommes honnêtes, cependant, cherchaient encore un espoir de salut

dans un quatrième empire représenté par un tout jeune prince que l'on disait avoir des sentiments honnêtes, religieux, nobles, élevés ; ces sentiments il les avait, je le crois, je veux le croire, il est tellement dans l'essence de la jeunesse d'avoir des sentiments nobles et généreux ; mais Dieu a tranché les jours de ce jeune prince comme pour arracher le bandeau qui couvrait les yeux. Aujourd'hui, l'Empire est heureusement représenté, afin qu'il n'y ait plus d'illusion possible, par un épicurien, un jouisseur, un matérialiste et un athée, par la personnalité la plus justement décriée et la plus méprisée entre toutes. A tel point que des impérialistes eux-mêmes se sont écriés après la mort du prince impérial et alors que, d'après la constitution de l'Empire, c'était Jérôme qui devenait le prétendant à l'Empire : « Si c'est cet homme qui doit mon-
« trer aux conservateurs le chemin du devoir,
« de la discipline et de l'honneur, que le dra-
« peau de l'Empire soit à jamais cloué dans le
« cercueil du jeune prince, mieux vaut qu'il
« soit enseveli que déshonoré ! Non, nous ne
« subirons pas cette honte et cette douleur de
« voir Jérôme à la tête du parti impérialiste.
« Nous avons exprimé et nous exprimons en—
« core aujourd'hui tout le mépris que nous
« inspire Jérôme dévoyé.....»

Messieurs, je ne fais que citer. Ce n'est pas moi qui exprime ce mépris avec cette vigueur : c'est un impérialiste. Eh bien, beaucoup de partisans de l'Empire sont venus franchement, loyalement se mettre dans les rangs royalistes. Ils ont compris que pour défendre les libertés publiques, que pour arracher des griffes de la République, la religion, la magistrature, l'armée, les trois forces sociales, ils ne pouvaient plus compter sur l'Empire représenté par le César déclassé et dévoyé. Les hommes honnêtes qui comprennent que les destinées, la fortune et l'honneur de la France sont en péril, ont tourné leurs regards vers le roi, honneur à eux ! nous leur avons ouvert nos rangs, nous leur avons serré loyalement la main.

Mais il en est d'autres qui, comment dirai-je, attendent encore : ils espèrent un miracle. Ce miracle n'est pas la conversion de Jérôme mais sa mort qui alors ferait de son jeune fils le représentant de l'impérialisme. Vous voyez d'ici ce qui se passerait. On nous referait sur la tête du jeune prince Victor une nouvel'e légende de sentiments grands, nobles, élevés, religieux. Eh bien, Messieurs, si ces impérialistes d'un genre bizarre et nouveau font des vœux pour la mort de leur empereur, il m'est bien permis, à moi royaliste, d'en faire de tout contraires et d'adresser à Dieu la plus fervente prière pour la conservation des jours de cet empereur méprisable et méprisé, car je sais que pas un honnête homme, pas un bon Français ne peut être impérialiste avec Jérôme. Quel doit donc être notre rôle à nous royalistes ? nous devons faire appel à toutes les bonnes volontés, à tous les concours, à tous les patriotismes. Nous devons attirer à nous tous les hommes honnêtes, tous ceux qui jusqu'à présent voulaient et croyaient possible de vivre sans se prononcer, sans affirmer une conviction politique, tous ceux qui croyaient qu'il leur suffisait d'être catholiques pour remplir leur devoir, tous ceux qui ont cru la République possible comme gouvernement paisible, conservateur, libéral et modéré, tous ceux qui avaient l'illusion de croire à un salut national possible par l'impérialisme. Aujourd'hui, ces illusions et cette abstention ne sont plus permises.

J'espère, Messieurs, avoir réussi à vous montrer ce qu'est la Révolution et le mal qu'elle a fait, et je n'ai pu que vous faire bien faiblement entrevoir les ruines qu'elle s'apprête à accumuler sur la France. Préparons - nous donc, Messieurs, organisons-nous : il faut que le jour de la crise il sorte de la poitrine de la France chrétienne, de la France honnête, de la France qui veut rester libre dans l'exercice de ses droits, qui veut sauver sa vie nationale, sa foi et son honneur, une énergique protestation, une immense acclamation.

Mais, Messieurs, notre rôle de citoyens dans cette revendication nationale ne peut plus être un rôle passif, un rôle platonique. Ce n'est pas nous qui avons déclaré la guerre. Cette guerre, vous le savez, a été déclarée par la Révolution à la France honnête et religieuse, puisque la guerre est déclarée il est impossible de rester chez soi et de se croiser les bras, c'est donc au rôle militant que je vous appelle. Il faut non seulement que vos concitoyens vous sachent royalistes, il faut que vous travailliez à convaincre ceux qui ne le sont pasencore, il faut que vous détruisiez les préjugés qui existent contre la monarchie, préjugés répandus si habilement par la Révolution. Parlez, agissez, répandez à profusion les écrits qui sont faits pour produire la vérité sur la monarchie; entreprenez enfin une grande croisade contre la Révolution. Formez ce que je puis appeler la ligue du bien public. Il ne doit plus y avoir en France que deux camps, le camp de la Révolution et le camp de la Contre-Révolution. Dans le premier, ceux qui veulent tout détruire, ceux qui font les affaires de la Prusse et qui permettent au chancelier allemand de dire que « la France a l'agonie folâtre. » Dans le second, tous ceux qui veulent sauver ce qui reste de la foi, de la fortune, de l'honneur de la France.

Ah ! Messieurs, elle était bien riche, bien prospère, et bien puissante notre chère patrie : elle faisait envie, aujourd'hui elle fait pitié. Depuis 90 ans, la Révolution sous toutes ses formes, sous toutes ses faces et sous tous ses masques, gaspille son trésor ; la République et le Césarisme ont puisé à pleines mains, ils lui ont pris et dévoré plus de cent milliards et le sang de deux millions de ses enfants ! la République et le Césarisme, nous ont fait une dette de vingt milliards et un budget de quatre. Les républicains d'aujourd'hui administrent la fortune nationale comme les bandes de Cartouche et de Mandrin administraient les biens des voyageurs qu'ils détroussaient sur les grands chemins. Le budget est leur chose ; on a dit sous un certain gouvernement que la France était assez riche pour payer sa gloire, les républicains trouvent, eux, que la France est assez riche pour se passer le luxe de les avoir au pouvoir. Non, Messieurs, la France n'est pas assez riche, tout a une limite et une fin, le trésor national n'est pas inépuisable, une nouvelle expérience révolutionnaire, une nouvelle convention, une nouvelle commune, et c'en est fait de la France, si la monarchie, si le roi, ne viennent la sauver.

Dans ce rôle militant, Messieurs, vous rencontrerez bien des difficultés : Ne vous laissez pas rebuter, affirmez-vous partout et toujours, dans les élections surtout, plantez le drapeau de l'affirmation et de la revendication monarchique ; si les convenances locales vous forcent à conclure des alliances, ne les concluez qu'en affirmant plus énergiquement encore. Soyez partout les premiers défenseurs des premières de toutes les libertés, des plus sacrées : de la liberté de conscience, de la liberté religieuse, de la liberté du père de famille. Les royalistes, Messieurs, doivent être les premiers défenseurs des libertés et des droits outrageusement violés par la République.

Messieurs, l'heure est solennelle. Oublions, effaçons, tout ce qui dans le passé a pu nous diviser ; oublions nos querelles et nos divisions politiques, ne nous reprochons rien, ne récriminons sur rien, appelons à nous, ouvrons nos rangs ; formons le grand parti national qui au nom de toutes les libertés publiques et privées veut sauver la France, sous le drapeau monarchique, des démolitions, des ruines, des violences arbitraires et des hontes de la révolution.

Il y avait exposés à Paris dernièrement deux tableaux saisissants du peintre Muller, le premier représentait les Juifs criant à Pilate: Nous voulons Barrabas! Eh bien nous ne voulons, nous, ni de Barrabas ni de Rabagas. Le second représente la fête de la déesse Raison en 1793. Dans Notre-Dame profanée, une prostituée Mlle Maillard, en maillot rose, avec le bonnet rouge sur la tête, est portée en triomple; elle met le pied sur le crucifix. C'est bien là, Messieurs, l'image du temps présent. Nos conseils municipaux, à l'exemple de celui de Paris, émettent, vous le savez, le vœu que nos églises, que nos cathédrales appartiennent aux communes qui en feraient des halles et des bastringues. Eh bien, sauvons nos églises de la profanation révolutionnaire; ne les laissons pas souiller par l'orgie républicaine; ne laissons pas remplacer les statues de nos Notre-Dame par les prostituées de la République!

Henri de Bourbon, Henri de France, Henri V, ce prince qui porte sans fléchir le poids de dix siècles d'histoire, ce prince qui élève un principe et une couronne jusqu'à la hauteur où resplendit, au-dessus de tout, la conscience et le devoir, l'honnêteté et l'honneur, nous a dit: *l'heure est à Dieu.* Oui, mais il a ajouté: *la parole est à la France !*